WANDEL IM FLUG

Robert Grahn

WANDEL IM FLUG

Berlins Veränderung nach dem Fall der Mauer

Berlin's transformation after 1989 | Métamorphoses de Berlin après 1989
Cambios en Berlín desde 1989 | La trasformazione di Berlino dopo il 1989

Grahn, Robert:
Wandel im Flug – Berlins Veränderung nach dem Fall der Mauer
2. Auflage – Berlin: Berlin Story Verlag 2012
ISBN 978-3-86368-041-1

Alle Fotografien © by Robert Grahn

© Berlin Story Verlag
Alles über Berlin GmbH
Unter den Linden 40, 10117 Berlin
Tel.: (030) 20 91 17 80
Fax: (030) 69 20 40 059
www.BerlinStory-Verlag.de, E-Mail: Service@AllesueberBerlin.com
Texte: Wieland Giebel
Translation: Anja Wiest
Traducción: David Mas Miró | www.leginda.com
Tranduzione: Gianluca Falanga
Traduction: Elisabeth Rochet | www.leginda.com
Bildredaktion: Andrea Terzer-Grahn, Norman Bösch
Umschlag und Satz: Norman Bösch

WWW.BERLINSTORY-VERLAG.DE

Vorwort

Wenn man dieses Buch durchblättert, kommt einem Berlin vor wie Aschenputtel. Das unauffällige, farblose Mauerblümchen verwandelt sich märchenhaft in die Schönste und Begehrteste auf dem Ball. Was noch vor kurzem unter grauem Küchenkittel verborgen blieb, erscheint jetzt herausgeputzt in prächtigen Kleidern.

Berlin hat sich märchenhaft verwandelt – innerhalb kürzester Zeit. Berlin wurde zur interessantesten Stadt Europas, attraktiv wie keine andere.

Und wie im Märchen wurde das Gute belohnt. Das Gute ist der Freiheitswille des Volkes. Die Friedliche Revolution ließ die Mauer fast über Nacht verschwinden.

Robert Grahn hat das alles aus der Luft miterlebt, wie die Tauben bei Aschenputtel. Im Märchen sind die Tauben übernatürliche Helfer, in diesem Buch hilft Robert Grahn die Verwandlung zu verstehen.

Preface

Flipping through the pages of this book, Berlin reveals a story that resembles a Cinderella fairy tale. The inconspicuous, colourless wallflower experiences a magical metamorphosis, turning into the belle of the ball. What once lay hidden beneath a grey apron now re-emerges, transformed in the splendour of beautiful ball gowns. Berlin has undergone a fairy tale transformation – in the shortest time. Berlin has become the most interesting European city, attractive like no other.

In true fairy tale manner, goodness is rewarded. Goodness is the people's wish for freedom. The wall fell almost over night through the Peaceful Revolution.

Robert Grahn witnessed all this from the sky, like the doves in Cinderella's story. In the fairy tale, the doves are supernatural helpers; in this book, Robert Grahn helps explain the city's transformation.

Prólogo

Quien decida hojear este libro, Berlín le hará recordar el cuento de la Cenicienta. El discreto y aburrido patito feo se convierte por arte de magia en el más bello y solicitado del mundo. Quien hasta hace poco vestía una bata de estar por casa, aparece ahora vistiendo sus mejores galas. Berlín ha experimentado en muy poco tiempo y como por arte de magia una gran transformación. Berlín se ha convertido en la ciudad más interesante de Europa y con un incompable atractivo.

Y como sucede en los cuentos, el bien acaba triunfado. El bien en este caso es el amor a la libertad del pueblo. La pacífica revolución se encargó de que el muro despareciese. Robert Grahn ha presenciado todos estos cambios desde el aire, como las palomas de cenicienta. En los cuentos las palomas son seres salvadores sobrenaturales, en este libro, Robert Grahn, nos ayuda a comprender esta transformación.

Avant-propos

Au fil du livre, Berlin s'assimile à Cendrillon, jeune fille discrète et terne se transformant comme par enchantement en la plus belle et la plus convoitée du bal. Celle qui, voilà peu, restait cachée sous ses oripeaux se dévoile aujourd'hui dans ses habits de lumière.

Berlin a connu une incroyable transformation – en un temps record.

Elle est aujourd'hui la ville la plus intéressante d'Europe, et la plus attractive.

Comme dans les contes, le Bien, ici la volonté de liberté du peuple, est récompensé. La Révolution pacifique a presque fait disparaître le mur, du jour au lendemain.

Robert Grahn a été le témoin de toutes ces métamorphoses depuis le ciel, comme les pigeons de Cendrillon, ses complices magiques. Page après page, Robert Grahn nous aide à comprendre la transformation.

Introduzione

Sfogliando questo libro, Berlino sembra Cenerentola: la ragazza più timida e meno appariscente si trasforma nella più bella e desiderata. Ciò che fino a poco tempo fa era celato sotto un abito grigio, ora si mostra in tutto il suo splendore. Berlino si è trasformata in pochissimo tempo come nelle fiabe. È diventata una delle più interessanti città d'Europa, attraente come poche altre.

E come nelle fiabe è stata premiata la bontà ovvero la voglia di libertà del popolo. La rivoluzione pacifica ha fatto sparire il muro quasi da un giorno all'altro.

Robert Grahn ha vissuto la storia dall'alto, come le colombe di Cenerentola. Nelle fiabe le colombe sono soccorritrici soprannaturali, con questo libro Robert Grahn aiuta a capire il cambiamento.

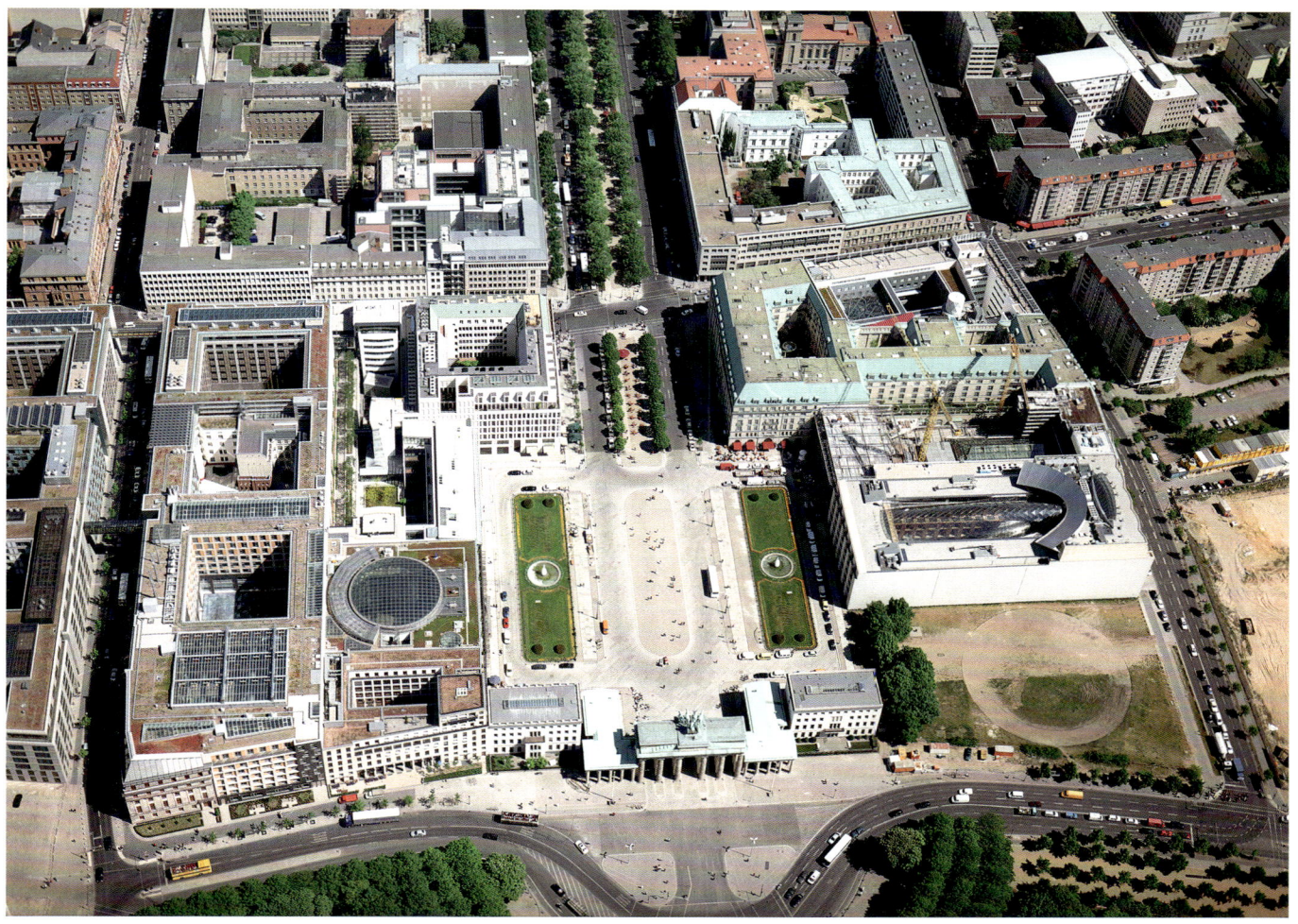

Pariser Platz
Das Wohnzimmer Berlins. Stadtplaner wollten einen mehrspurigen Kreisverkehr ums Tor legen. Die sitzen jetzt in der Hölle. Das Gute setzt sich durch.

Pariser Platz
Berlin's living room. City planners wanted to build a multi-lane roundabout surrounding the gate. They have now landed in hell. The good has won.

Plaza de París
El salón de Berlín. Los urbanistas querían una rotonda de varios carriles en torno a la puerta. Ahora estarán sentados en el infierno. El bien siempre acaba abriéndose camino.

Pariser Platz
Le salon de Berlin. Les urbanistes voulaient un rond-point à plusieurs voies autour de la Porte. Les voilà maintenant en enfer, au profit du Bien.

Pariser Platz
Il salotto buono di Berlino. Architetti e ingegneri avrebbero voluto volentieri una rotonda a più corsie intorno alla Porta. Sono rimasti delusi, ma la bellezza si impone sempre.

Holocaust-Mahnmal

Holocaust-Mahnmal

Es muss ein unmissverständliches, überzeugendes Zeichen gesetzt werden, um an das größte Verbrechen in der Geschichte der Menschheit zu erinnern.

Holocaust Memorial

The city has set a necessary and unambiguous, compelling sign that serves as a reminder of the greatest crime in the history of humanity.

Monumento conmemorativo del holocausto

Era necesario dejar una señal rotunda y convincente para recordar el mayor crimen de la historia de la humanidad.

Mémorial de l'Holocauste

Un symbole pénétrant et fort pour rappeler le plus grand crime de l'Histoire de l'Humanité.

Mausoleo all'Olocausto

Un monumento imponente e insieme un messaggio inequivocabile e convincente, in memoria di tutte le vittime del più grande crimine nella storia dell'umanità.

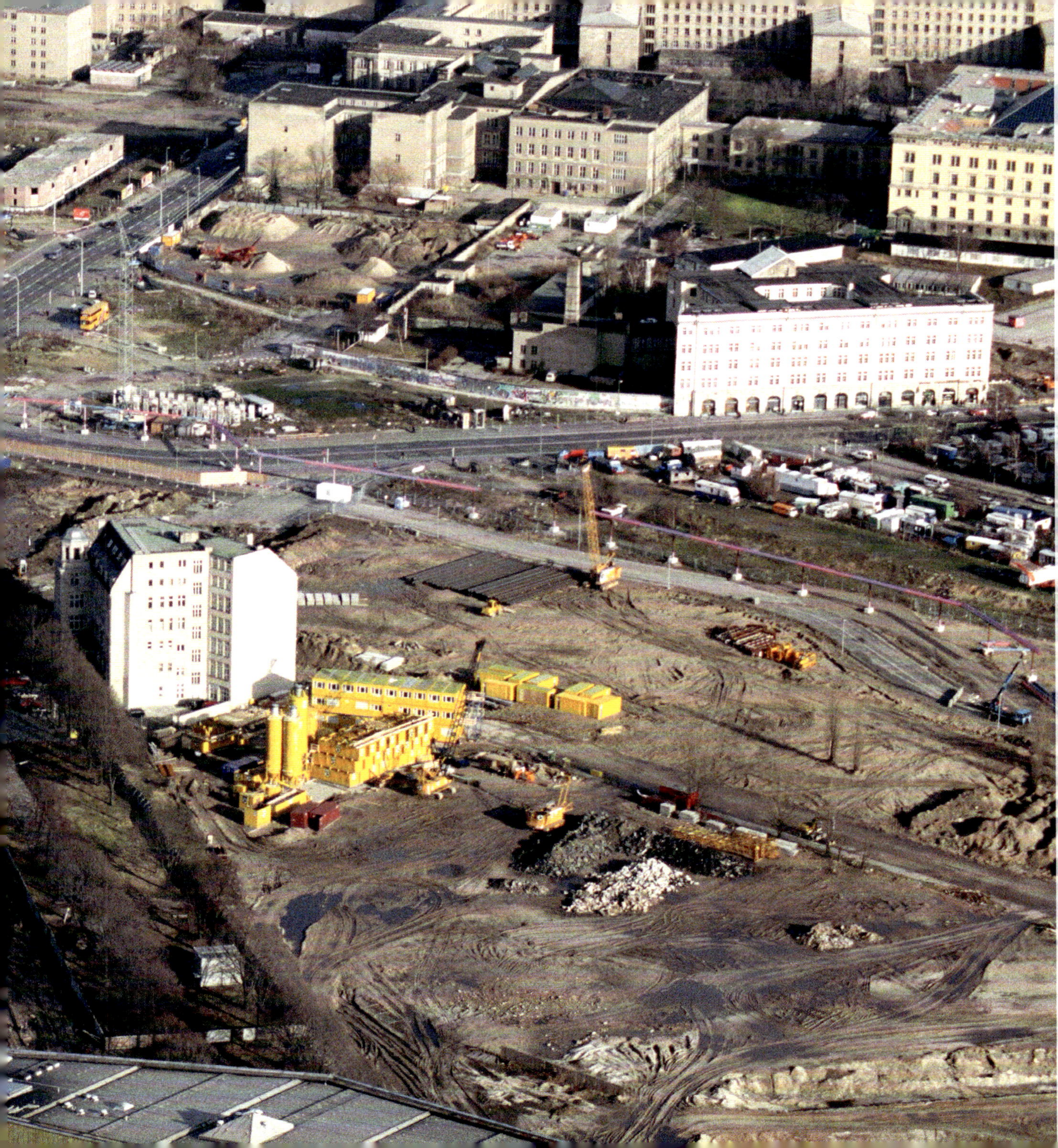

Potsdamer Platz

Aus dem Nichts erschaffen durch die Schöpfungskraft und den Willen der Stadtplaner, Architekten, Ingenieure und Investoren – und zum nachhaltigen Erfolg geführt.

Potsdamer Platz

Created from scratch through the creativity and the will of the city planners, architects, engineers and investors – and ccmpleted with success.

Potsdamer Platz

De la nada los planificadores de la ciudad, arquitectos, ingenieros e inversores lograron sus objetivos gracias a su voluntad y creatividad.

Potsdamer Platz

Née du néant grâce à la créativité et à la volonté des urbanistes, des ingénieurs et des investisseurs – une véritable réussite.

Potsdamer Platz

Una piazza annientata dalla storia e risorta dalla macerie grazie alla creatività di architetti, ingegneri e imprenditori. Una storia incoraggiante, uno straordinario successo.

Regierungsviertel
Das Band der Demokratie – Kanzleramt, Parlament und die Verwaltung sollen engen Kontakt haben und dem deutschen Volk mitten in Berlin verbunden sein.

Government Quarter
The band of democracy – chancellery, parlament and administration should remain in close contact and connected to the people in the centre of Berlin.

Barrio gubernamental
El grupo de la democracia: la cancillería, el parlamento y la administración deben mantener un estrecho contacto y estar juntos con el pueblo en el centro de Berlín.

Quartier du gouvernement
Le lien de la démocratie – Chancellerie, Parlement et administration doivent être en contact étroit et intimement liés au peuple, au cœur de Berlin.

Quartiere del governo
La "catena" della democrazia: il palazzo della cancelleria, il parlamento e gli uffici dell'amministrazione centrale a stretto contatto con la popolazione nel cuore di Berlino.

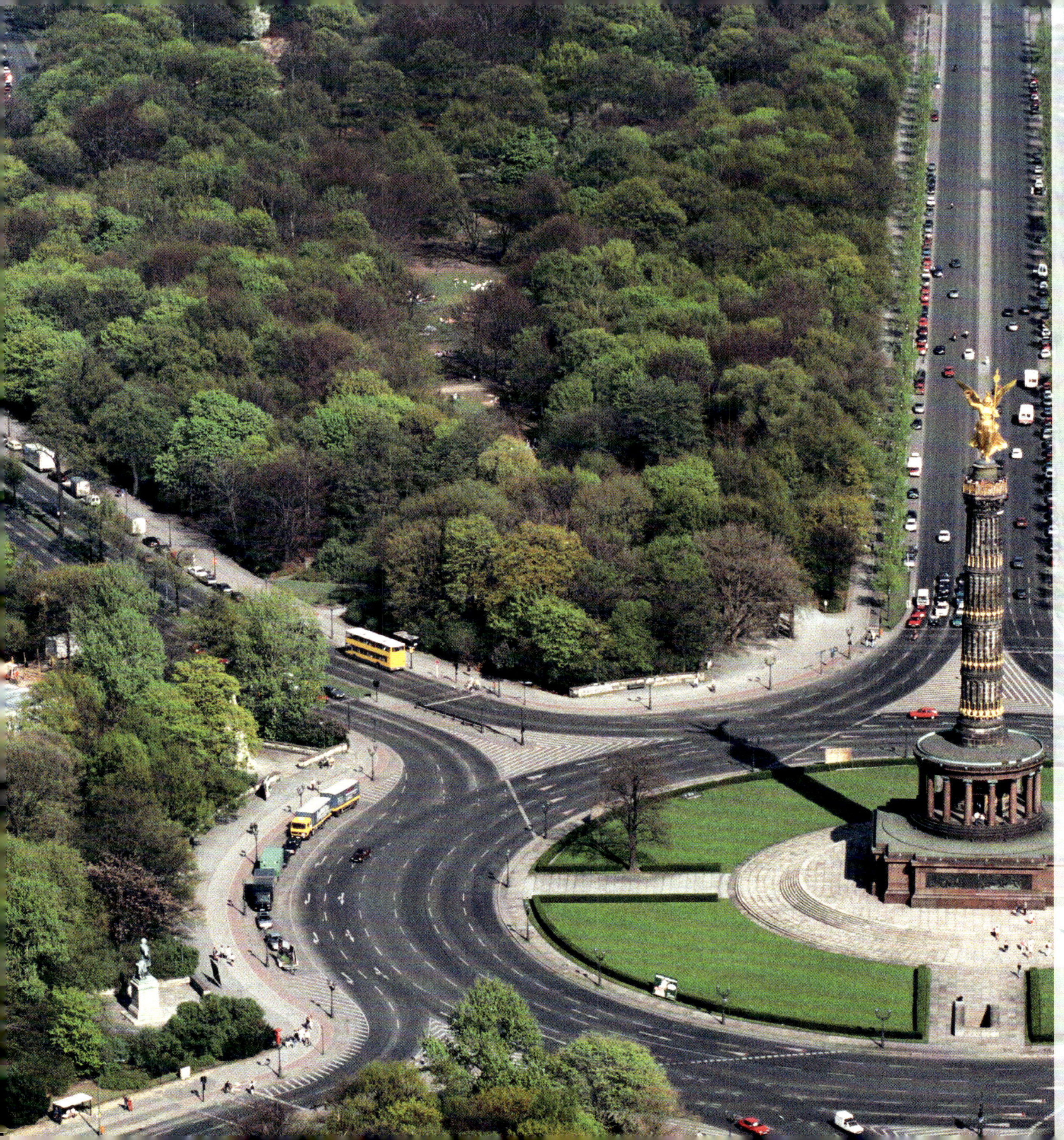

Bundespräsidialamt

Im „Präsidentenei" wird gearbeitet, im Schloss Bellevue, dem Amtssitz des Bundespräsidenten, wird repräsentiert. 180 Menschen arbeiten ihm zu.

President's Office

Working in the „presidential egg", fulfilling his representative role in Bellevue Palace, the president's official residence. 180 employees report to him.

La Oficina del Presidente Federal

En la oficina del Presidente de la República Federal Alemana se trabaja, el palacio de Bellevue, la residencia oficial, tiene caracter representativo.

Siège de la présidence fédérale

Les bureaux du « Präsidentenei » accueillent les sessions de travail, le Schloss Bellevue sert aux réceptions. 180 personnes y travaillent.

Presidenza della Repubblica federale

Il palazzo del presidente accanto alla residenza di Bellevue. 180 persone lavorano per il capo di Stato della Repubblica federale.

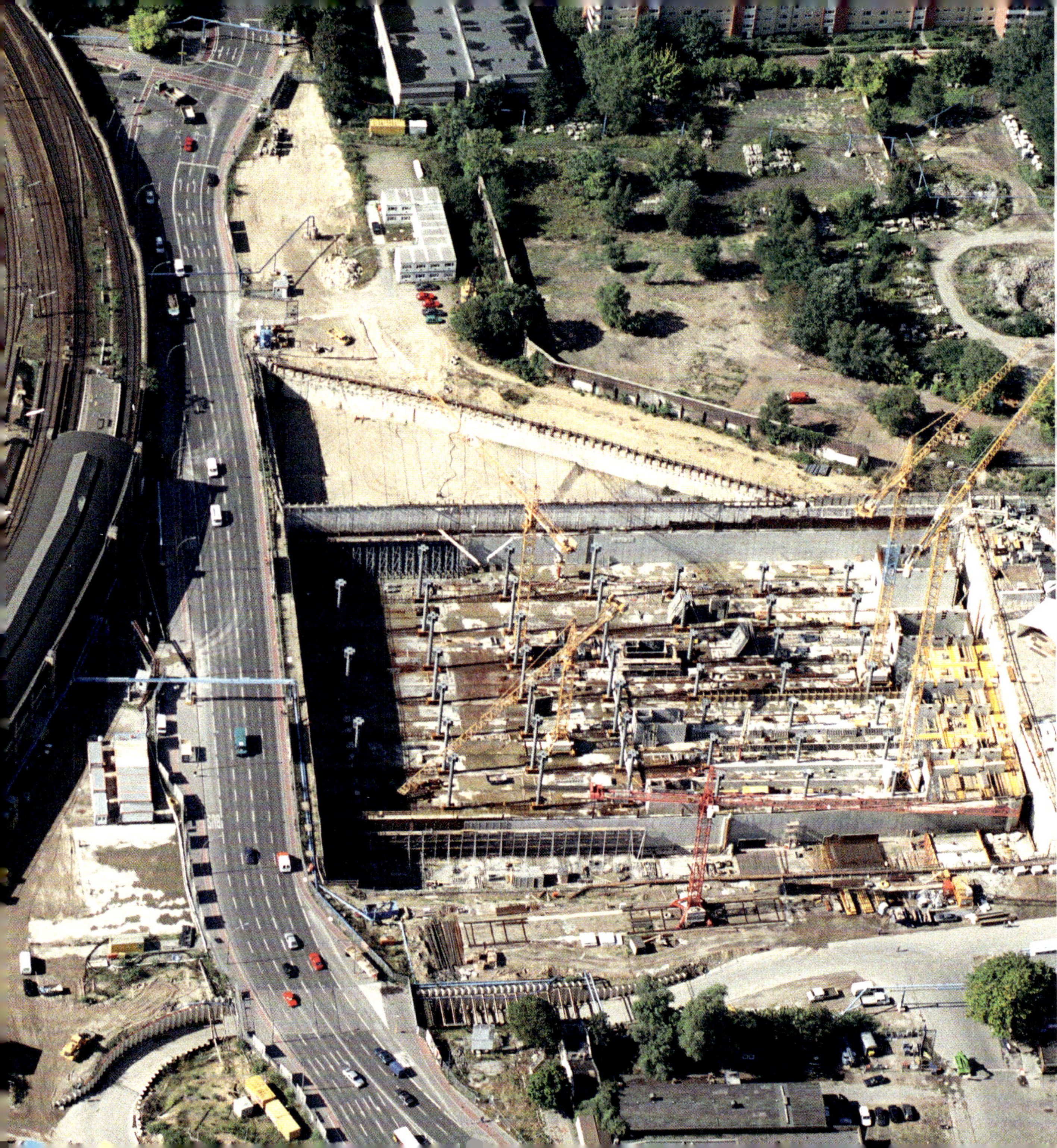

Hauptbahnhof

Hauptbahnhof

Die Spree wurde umgeleitet, ein riesiger Schwimmkasten im Sand gebaut. Himmelsrichtungen wurden verknüpft. Das wirkt gigantisch, ästhetisch, funktional.

Hauptbahnhof

The Spree river was redirected, a huge swimming box built in the sand. Compass points were connected. Gigantic, aesthetic, functional.

La estación central

El río Spree fue desviado y se construyó un enorme cajón flotante en la arena. Se enlazaron los puntos cardinales. Gigante, estético y funcional.

Gare centrale

La Spree a été déviée et un immense caisson construit dans le sable. Les points cardinaux ont été reliés. Gigantesque, esthétique, fonctionnelle.

Stazione centrale

La Sprea venne deviata, le fondamenta costruite nella sabbia. Un crocevia ferroviario, di dimensioni impressionanti, discreta bellezza e soprattutto funzionale.

BND

Spione brauchen keine Schlapphüte, sondern Büros. Der Bundesnachrichtendienst entstand nahe am Mauerstreifen auf einem ehemaligen Sportplatz.

BND

Spies do not need floppy hats, they need offices. The federal intelligence service was built near the former wall on a sports ground.

BND (Servicio secreto)

Hoy en día los espías no necesitan sombreros de ala ancha, sino oficinas. El servicio secreto de la República Federal de Alemania se creó en lo que fue un campo deportivo.

Service fédéral des renseignements

Les espions ont besoin de bureaux, pas de chapeaux mous. Le bâtiment a été érigé près du Mur, sur un terrain de sport.

BND

Le spie non hanno più bisogno di travestimenti, ma di uffici. La centrale dell'intelligence federale, sorta su un campo sportivo nelle vicinanze del muro.

Museumsinsel

Kultur auf hölzernen Füßen. Auf Tausenden von Holzpfählen, bis zu 18 Meter lang, stehen die Gebäude der Museumsinsel mit ihren kostbaren Schätzen.

Museum Island

Culture on wooden feet. The museum island's buildings and its valuable treasures stand on thousands of wooden posts, up to 18 metres tall.

Isla de los museos

Cultura sobre pies de madera. Sobre miles de postes de madera, de hasta 18 metros de largo, se asientan los edificios de la Isla de los museos con sus preciosos tesoros.

L'île des musées

La culture sur pilotis. Les bâtiments de l'île et leurs précieux trésors reposent sur des milliers de pilotis de bois (jusqu'à 18 m de haut).

Isola dei musei

La cultura a Berlino sta sulle palafitte. Su migliaia di pali di fondazione in legno piantati nel canale si reggono in superficie i musei con i tesori più preziosi della Germania.

Lustgarten

Erst musste der Senat den Denkmalschutz für das Pflaster der Nationalsozialisten aufheben, bevor der Garten durch Bürgerwille und Aktionen wieder zur Lust wurde.

Lustgarten

The senate had to revoke this former Nazi spot's status as a historical landmark before it could grant the people's wish to revert it into a „Pleasure Garden".

Lustgarten

Antes de que el jardín se convirtiera en un jardín de recreo, el senado tuvo primero que suprimir la protección del pavimento de los nacionalsocialistas declarado monumento.

Lustgarten

Le Sénat dut lever le classement au patrimoine historique des pavés des Nationalistes-Socialistes pour le transformer en jardin d'agrément.

Lustgarten

Per volontà della cittadinanza il Comune di Berlino ha eliminato l'asfalto voluto dai nazisti per rimetterci il prato. Il parco è uno dei punti nevralgici della storia cittadina.

Palast der Republik

Palast der Republik
1976 als Sitz der Volkskammer der DDR (des Parlaments) fertiggestellt, 2008 abgerissen – aufgrund der Asbestverseuchung und weil das Schloss kommt.

Palace of the Republic
Completed in 1976 as the office of the GDR People's Chamber (parlament), torn down in 2008 – because of asbestos and because the palace is coming.

Palacio de la República
Terminado en 1976 como sede del Parlamento de la antigua RDA, derribado en 2008 debido a la contaminación de asbesto y porque tenía que dejar sitio al nuevo palacio.

Palais de la République
Érigé en 1976 comme siège de la Chambre du peuple en RDA (Parlement), détruit en 2008 à cause de l'amiante et pour reconstruire le château.

Palazzo della Repubblica
Dal 1976 sede del parlamento della Germania est, abbattuto nel 2008 per far posto alla ricostruzione del Castello reale. La propaganda comunista lo voleva "palazzo del popolo".

Schloßplatz

Das Schloss ist nicht da, gehört aber hier her und kommt gerade. Außenministerium und Palast der Republik der DDR sind abgerissen. Altes entsteht neu.

Schloßplatz (Palace Square)

The palace is absent, but it belongs here and is on its way. The foreign office and the Palace of the Republic of the GDR habe been torn down. The old is being created anew.

Plaza del Palacio

El palacio no está todavía, pero éste es su sitio y está en camino. El Ministerio de Asuntos Exteriores y el Palacio de la República de la RDA fueron demolidos.

Schloßplatz

Le château est sur le point d'y être reconstruit. Le Ministère des affaires étrangères et le Palais de la République de la RDA ont été rasés.

Schloßplatz

Il Castello reale non c'è più, ma sarà riedificato. Il ministero degli Esteri della Germania est e il Palazzo della Repubblica sono stati invece demoliti.

Schinkelplatz

Nach dem Abriss des DDR-Außenministeriums werden wie früher der Architekt Schinkel, der Agrarwissenschaftler Thaer und der Gewerbeförderer Beuth geehrt.

Schinkelplatz

After the demolition of the GDR's foreign office, architect Schinkel, agronomist Thaer and industry sponsor Beuth are honored as in earlier times.

Plaza Schinkel

Después del derribo del Ministerio de Asuntos Exteriores de la RDA fueron honrados como antaño el Arquitecto Schinke, el agrónomo Thaer y el promotor industrial Beuth.

Schinkelplatz

Depuis la destruction du Ministère des affaires étrangères de la RDA, on rend de nouveau hommage à Schinkel, Thaer et Beuth.

Schinkelplatz

Con la demolizione del ministero degli Esteri della Germania est s'è fatto posto alla memoria dell'artista Schinkel, dell'agronomo Thaer e dello statista prussiano Beuth.

Alexanderplatz

Alexanderplatz

Wenig Altes blieb nach dem Zweiten Weltkrieg und dem Aufbau der DDR erhalten. Aber wo noch alte Bauwerke stehen, waren sie nie so schön wie heute.

Alexanderplatz

Little of the past remained intact after the Second World War and the creation of the GDR. But the old buildings that still stand are as beautiful as ever.

Alexanderplatz

Poco queda en pie desde la segunda guerra mundial y la creación de la RDA. Pero donde quedan todavía antiguas construcciones, nunca lucieron tanto como ahora.

Alexanderplatz

Peu de bâtiments anciens ont survécu à la Seconde guerre mondiale et à la RDA. Mais ceux qui se dressent encore n'ont jamais été aussi beaux.

Alexanderplatz

Non c'é rimasto molto della storica piazza dopo la Seconda guerra mondiale e la dittatura comunista. Ma ciò che si è salvato è stato rimesso a nuovo.

1995-2005

Velodrom

85

Velodrom

Die Halle für das Berliner Sechstagerennen und auch für große Konzerte. Die größte freitragende Stahldachkonstruktion Europas mit einer Spannweite von 115 Metern.

Velodrom

The venue for the Berlin six-day race and big concerts. The largest self-supporting steel roof construction in Europe, spanning 115 meters.

Velódromo

El pabellón para la carrera ciclista de los seis días y los grandes conciertos de Berlín. La mayor construcción techada de acero sin soportes de Europa.

Vélodrome

Cette salle accueillant les Six jours de Berlin et les grands concerts possède le plus grand toit en acier suspendu d'Europe (115 m d'envergure).

Velodrom

Il palazzetto dello sport berlinese utilizzato per competizioni sportive e manifestazioni musicali, con un'ampiezza di 115 metri la più grande cupola in acciaio d'Europa.

Strausberger Platz

Strausberger Platz

Aufwendig gestaltet und acht Etagen hoch sind die Häuser (1952 bis 1955) rund um den Strausberger Platz, die als Stalinallee-Arbeiterpaläste der DDR entstanden.

Strausberger Platz

The houses around the square are elaborately designed and eight storeys high, built as GDR worker's palaces on the avenue Stalinallee (1952 to 1955).

Strausberger Platz

Lujosamente diseñada y con casas de ocho plantas de altura (1952 a 1955) alrededor de la plaza surgidos como los palacios para obreros de la RDA.

Strausberger Platz

Hauts de 8 étages, ces immeubles de la Stalinallee ont été conçus pour offrir des logements luxueux aux travailleurs est-allemands.

Strausberger Platz

Gli imponenti edifici di otto piani che circondano la piazza, costruiti fra il 1952 e il 1955, furono concepiti come "palazzi per il proletariato" della Stalinallee.

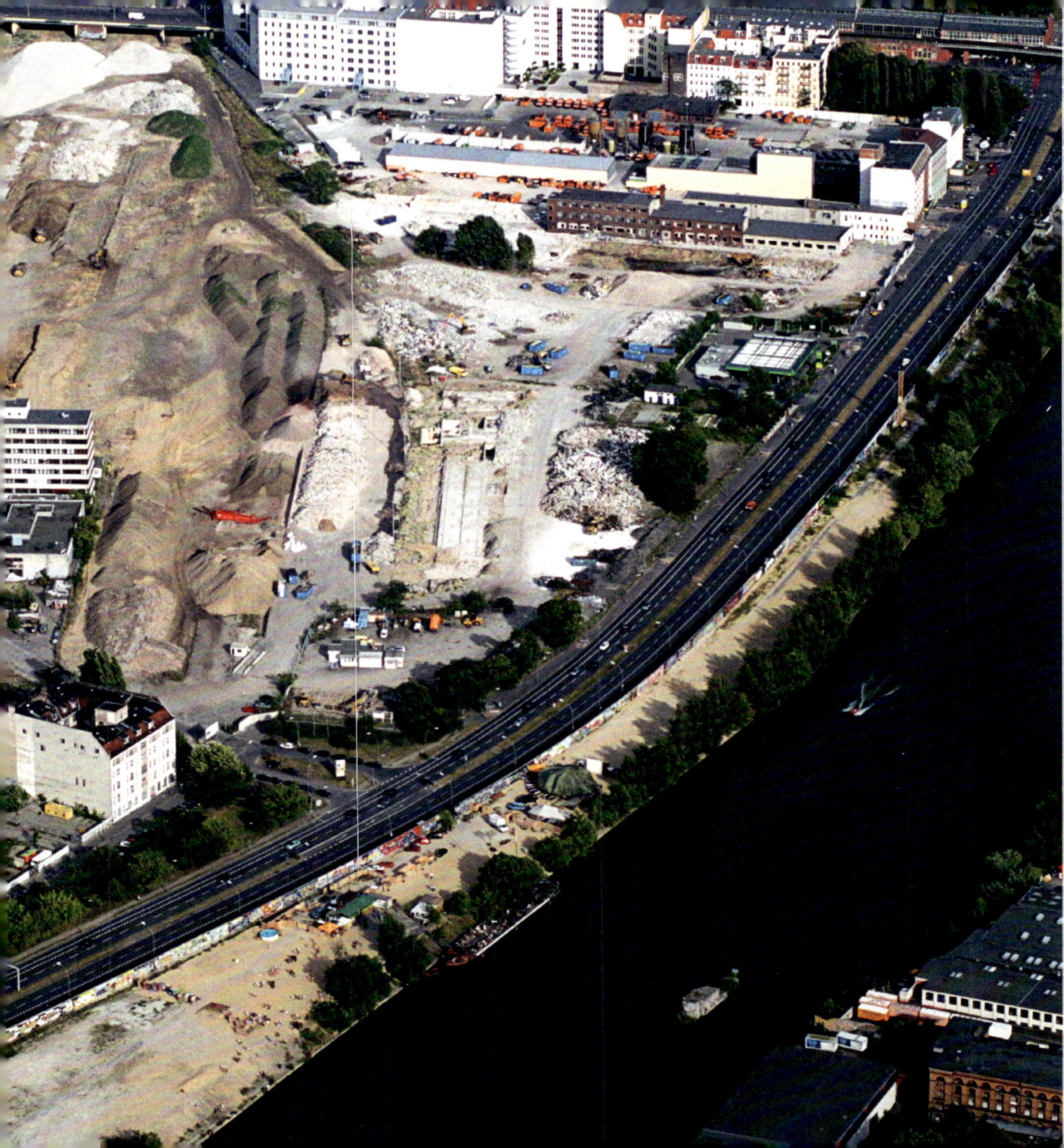

2004-2009

O2-World

O2-World

In nur zwei Jahren Bauzeit entstand an der Spree zwischen Ostbahnhof und Warschauer Brücke die größte Veranstaltungshalle Berlins mit 17 000 Sitz- und Stehplätzen.

O2-World

In just two years the largest event venue in Berlin, with seats and standing room for 17,000, arose between Ostbahnhof and the Warschauer bridge.

O2-World

En tan sólo dos años se construyó entre Ostbahnhof y Warschauer Brücke el mayor pabellón de exposiciones de Berlín con 17.000 localidades de pie y sentadas.

O2-World

La plus grande salle de spectacle de Berlin (17 000 places assises/debout) a été construite en 2 ans entre gare de l'Est et Warschauer Brücke.

O2-World

In soli due anni fu realizzata fra la stazione Ostbahnhof e il ponte Warschauer Brücke la più grande della capitale con 17.000 posti in piedi e a sedere.

Engelbecken

Aus dem Todesstreifen im Niemandsland der Mauer zwischen Mitte und Kreuzberg entstand durchs Gartendenkmalamt ein Kleinod mit Park und See.

Engelbecken

The society for garden preservation turned this part of the death strip, in the wall's nomansland between Mitte and Kreuzberg, into a gem with a park and lake.

Engelbecken

En unos terrenos en tierra de nadie a lo largo del muro situados entre los barrios de Mitte y Kreuzberg se ha creado una pequeña joya con un parque y un lago.

Engelbecken

Dans le no man's land du Mur, le *Gartendenkmalamt* a fait construire un véritable joyau avec jardin et lac entre les districts de Mitte et Kreuzberg.

Engelbecken

Un gioiellino sulle rive del canale. Un piccolo e grazioso idillio nel luogo dove fino a pochi anni fa si trovava la terra di nessuno a ridosso del muro fra i distretti di Mitte e Kreuzberg.

Jüdisches Museum
Wie ein geborstener David-stern soll der zickzackför-mige Bau des US-amerika-nischen Architekten Daniel Libeskind am historischen Kollegienhaus wirken.

Jewish Museum
Designed by US architect Libeskind, the zig-zag shape of the building adjacent to the historical Kollegienhaus is sup-posed to give the impression of a David star burst open.

Museo judío
La construcción en zigzag del arquitecto americano Daniel Libeskind simula una estrella de David en el histó-rico colegio.

Musée juif
Le bâtiment déstructuré de l'architecte américain Daniel Libeskind près de la Kolle-gienhaus historique sym-bolise une étoile de David éclatée.

Museo ebraico
Il profilo a zig zag dell'edi-ficio vuole rappresentare una stella di David strap-pata e spezzata, il progetto è dell'architetto americano Daniel Libeskind.

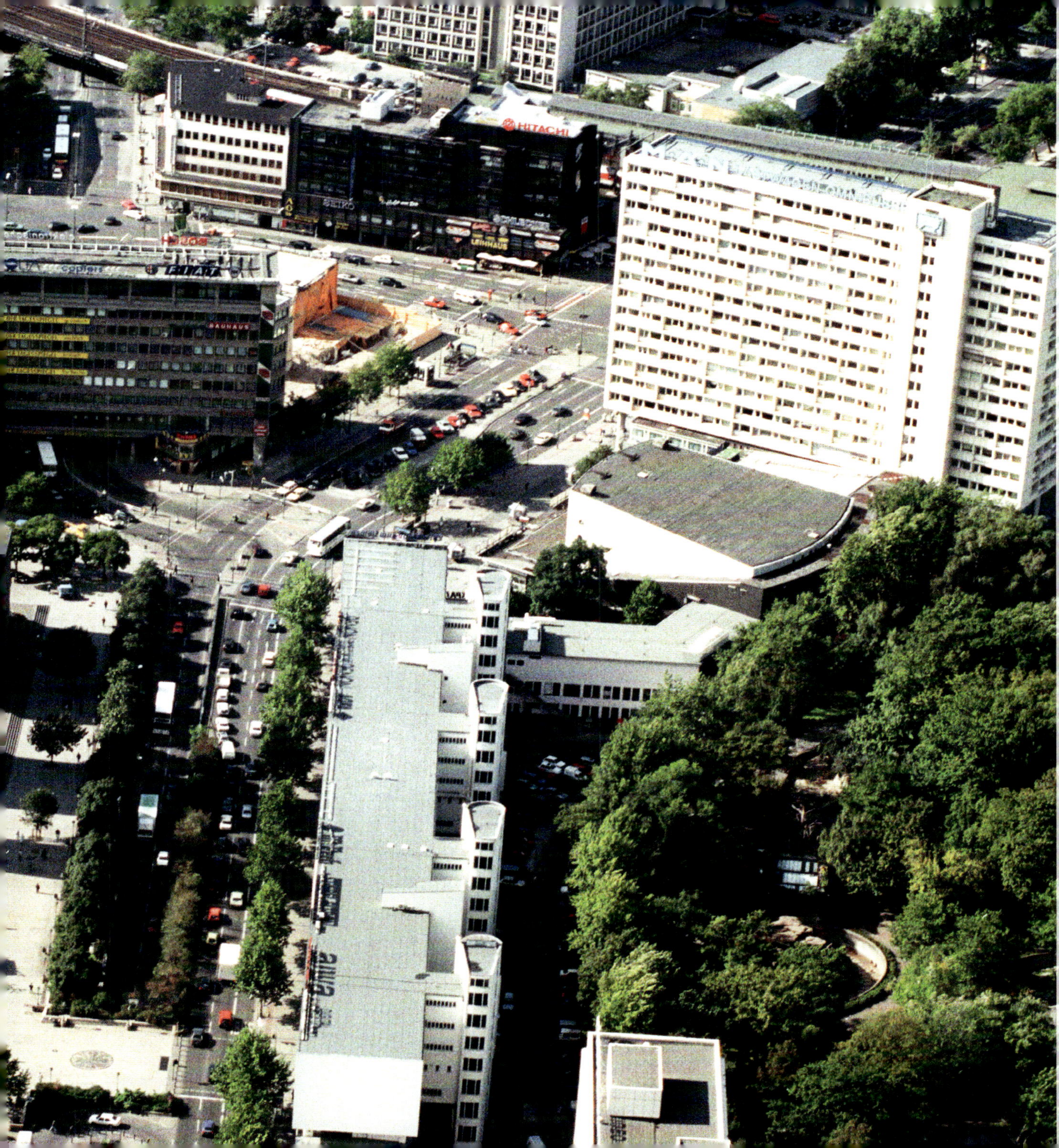

Breitscheidplatz

1995-2011

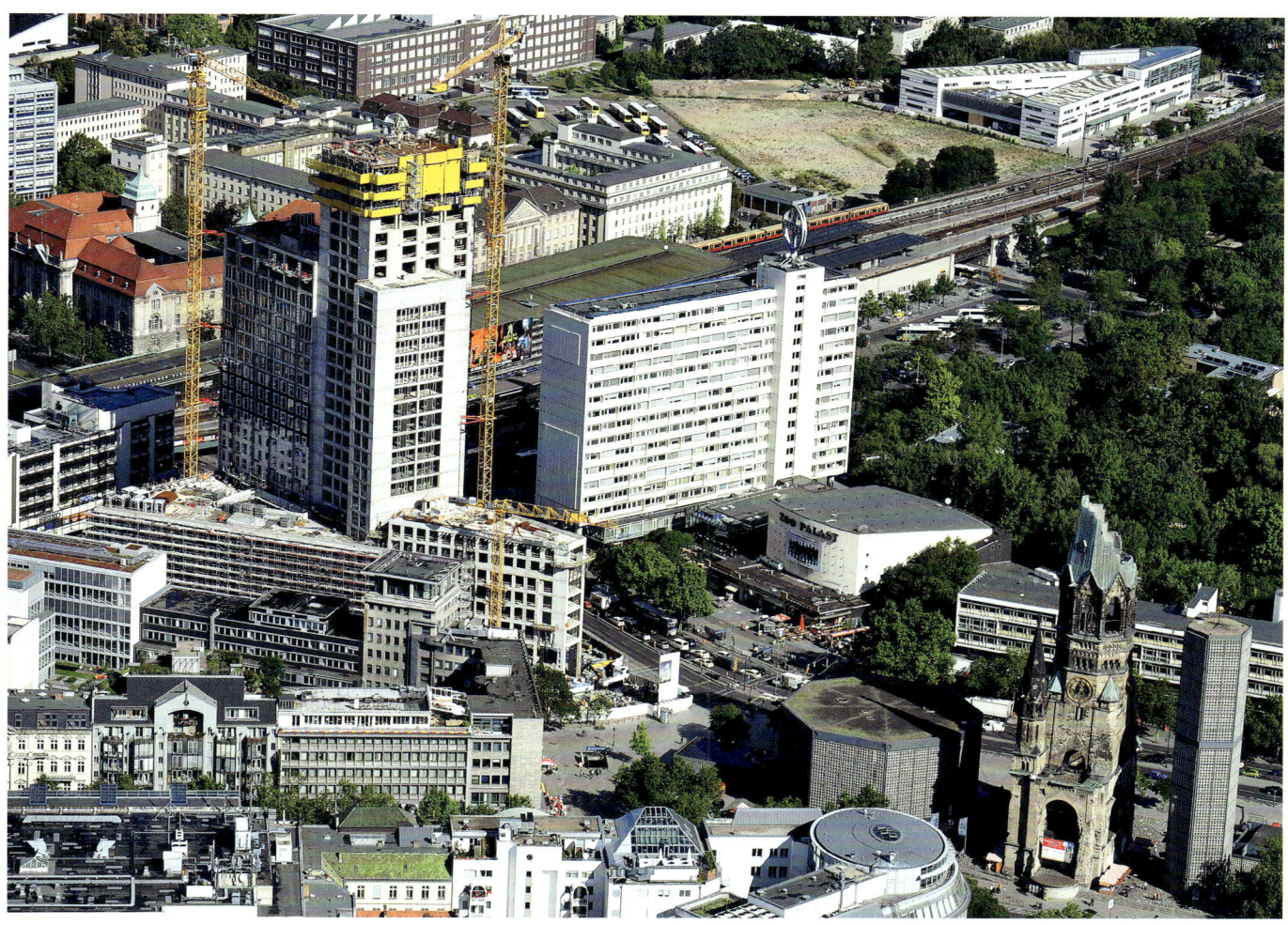

Breitscheidplatz

Das Zentrum West-Berlins zur Mauerzeit, geplant und gestaltet als modernes Schaufenster des freien Westens, entfaltet erneut bemerkenswerte Dynamik.

Breitscheidplatz

The centre of West Berlin in the divided city, planned and designed as a modern showcase of the free west, is unfolding a remarkable dynamic again.

Breitscheidplatz

El centro de Berlín oeste en tiempos del muro, planificado y creado como moderno escaparate del oeste libre, vuelve a recuperar su gran dinamismo.

Breitscheidplatz

Le centre de Berlin Ouest au temps du Mur, conçu et aménagé comme vitrine de l'Ouest libre, affiche un nouveau dynamisme remarquable.

Breitscheidplatz

Il centro di Berlino ovest al tempo del muro, concepito come moderna vetrina dell'Occidente libero, ha ritrovato un notevole dinamismo.

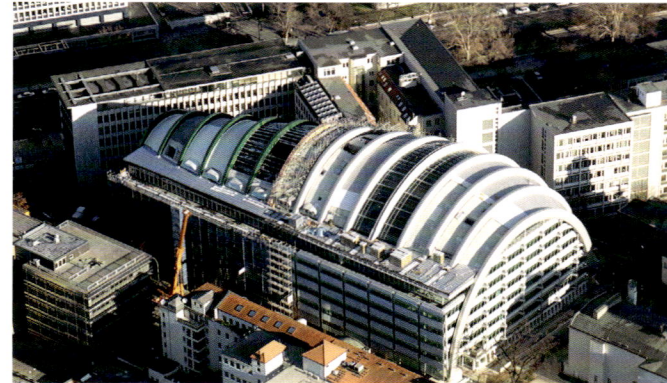

Ludwig-Erhard-Haus
An den bis zu 37 m hohen Stahlbögen des „Gürteltiers" hängen die Etagen der Industrie- und Handelskammer, links daneben befindet sich die Börse.

Ludwig-Erhard-Haus
The floors of the Chamber of Industry and Commerce hang from the up to 37 m high steel arches of the „armadillo"; to the left is the stock exchange.

Ludwig-Erhard-Haus
En los arcos de acero del "armadillo" de hasta 37 m de altura cuelgan los pisos de la Cámara de Industria y Comercio, al lado a la izquierda se encuentra la Bolsa.

Ludwig-Erhard-Haus
À gauche de la Bourse, les arcs d'acier du « tatou » (jusqu'à 37 m de haut) accueillent les étages de la Chambre du commerce et de l'industrie.

Ludwig-Erhard-Haus
Gli archi in acciaio, alti fino a 37 metri, dell'„armadillo" reggono i piani della Camera dell'Industria e del commercio, accanto si trova la borsa.

Olympiastadion

Olympiastadion

Für die Olympischen Spiele 1936 gebaut und für die Fußballweltmeisterschaft 2006 grundlegend als Fünf-Sterne-Stadion umgebaut und komplett modernisiert.

Olympic Stadium

Built for the Olympic Games in 1936 and rebuilt and modernised as a five-star-stadium for the football World Cup in 2006.

Estadio olímpico

Construido en 1936 con motivo de los juegos olímpicos y reformado y modernizado para el mundial de fútbol de 2006 fundamentalmente como estadio de cinco estrellas.

Stade olympique de Berlin

Construit pour les Jeux Olympique de 1936, puis transformé et modernisé en stade cinc étoiles pour la Coupe du monde de football de 2006.

Olympiastadion

Costruito per i Giochi olimpici del 1936, durante il regime nazista, è stato ristrutturato e modernizzato per i mondiali del 2006. Ora è uno stadio a cinque stelle.

Teufelsberg

Teufelsberg

Amerikaner, nämlich die National Security Agency, und Briten konnten im Kalten Krieg auf dem Trümmerberg (115 m) bis nach Moskau alles abhören.

Teufelsberg

Americans, specifically the Nationaly Security Agency, and the British could listen all the way to Moscow from the rubble mountain (115 m) during the Cold War.

Teufelsberg

Los americanos, o sea, la National Security Agency, y los británicos podían en tiempos de la guerra fría escuchar todo hasta Moscú desde lo alto de la escombrera (115 m).

Teufelsberg

Pendant la Guerre froide, du haut de cet tertre artificiel composé de décombres (115 m), Américains de la NSA et Britanniques pouvaient écouter les appels jusqu'à Moscou.

Teufelsberg

Durante la Guerra fredda gli americani della CIA e gli inglesi potevano intercettare dai 115 metri della montagna di macerie tutte le comunicazioni verso Mosca.

WEDDING

Berliner Mauer

Voltastr.

EBERSWALDER STR.

DANZIGER STR.

Zeiss-Gross-Planetarium

Greifswalder Str.

Reinickendorfer Str.

Bernauer Str.

BRUNNENSTR.

KASTANIENALLEE

Kultur-brauerei

Krankenhaus Prenzlauer Berg

PRENZLAUER ALLEE

DANZIGER STR.

GREIFSWALDER STR.

STORKOWER S

Dokumentationszentrum Berliner Mauer

SCHÖNHAUSER

Synagoge Rykestr.

DANZIGER STR.

4 Schwartz-kopffstr.

Naturkundemuseum

Nordbhf.

Volkspark Weinberg

Senefelder-platz

Wasserturm

PRENZLAUER BERG

24 →

Hamburger Bhf. Museum für Gegenwart Berlin

Museum für Naturkunde

INVALIDENSTR.

MITTE

CHAUSSEESTR.

Oranienburger Tor

TORSTR.

Rosenthaler Platz

ROSENTHALERSTR.

TORSTR.

Rosa-Luxemburg-Platz

Volks-bühne

PRENZLAUER ALLEE

MOLL-

GREIFSWALDER STR.

OTTO-BRAUN-STR.

Volkspark Friedrichshain

FRIEDEN-

Klinikum in Friedrichs

Humboldt-hafen

LUISENSTR.

FRIEDRICH-

Oranien-burger Str.

Neue Synagoge

Hackesche Höfe

Weinmeisterstr.

STR.

LANDSBERGER ALLEE

Haupt-bahnhof

Monbijou Park

Bode-museum

13 Pergamon-museum

Alte Nationalgalerie

Hackescher Markt

Bhf. Alexanderpl.

KARL-

SCHILLINGSTR.

MARX-ALLEE

BRANDT-STR.

Paul-Löbe-Haus

Bhf. Friedrichstr.

Humboldt-Universität

Altes Museum 12

Bln. Dom

1 Fernsehturm

Berliner Rathaus

ALEXANDERSTR.

Strausberger

21 Platz

KARL-

Kanzler-

18 Reichstag

Sowjetisches Ehrendenkmal

Brandenburger Tor

2 UNTER

LINDEN

DEN

19 Staatsoper 20 16 Unter den Linden

Stadtbibliothek

MÜHLENDAMM

Klosterstr.

Jannowitz-brücke

HOLZMARKT-

Spree

STRASSE DER PARISER KOMMUNE

FRI

Brandenburger Tor

23

Komische Oper

Französische Str.

Hausvogtei-platz

Märkisches Museum

INSEL STR.

Ostbhf.

MÜHLENSTR.

Denkmal für die ermordeten Juden Europas 8

WILHELM-

Mohrenstr.

Stadtmitte

LEIPZIGER STR.

LEIPZIGER STR.

GERTRAUDEN STR.

BREITE STR.

Märkisches Museum

ANNEN-

BRÜCKENSTR.

KÖPENICKER STR.

14

Potsdamer Platz

Sony Center

17 10

Bundesrat

Museum für Post und Kommunikation

KOCH-

Spittel-markt

HEINRICH-HEINE-STR.

Heinrich-Heine Str.

Engelbecken

KÖPENICKER STR.

harmonie

werbe

STR.

Potsdamer Platz

POTSDAMER

REICHPIETSCHUFER

SCHÖNEBERGER UFER

Staats-bibliothek

Martin-Gropius-Bau

Mendelssohn-Bartholdy-Park

Topographie des Terrors

Gruselkabinett

Anhalter Bahnhof

KOCH-

Kochstr.

LINDENSTR.

Waldeck-park

ORANIENSTR.

Verlauf Berliner Mauer

Moritzpl.

Oranienpl.

Marianneplatz

6

KREUZBERG

Gleis-dreieck

Möckern-brücke

Hebbel Theater

Mehringplatz

Hallesches Tor

GITSCHINER STR.

Prinzenstr.

9 Jüdisches Museum

PRINZENSTR.

ORANIENSTR.

Kottbusser Tor

SKALITZER

Görlitzer Bhf.

MANTEUFFELSTR.

WIENER STR.

REICHENBERGER STR.

Görlitzer Park

Deutsches Technikmuseum

TEMPELHOFER UFER

BLÜCHER-

Mehring-damm

Friedhof

URBAN-

Urbanhafen

KOTTBUSSER STR.

Schönlein

Yorckstr.

euroluftbild.de®

Wandflächen füllende Großluftbilder aus ganz Europa zieren die Wände der Büroetage eines Mehrfamilienhauses in Berlin-Mahlsdorf, Sitz der ersten deutschen Luftbildagentur euroluftbild.de®. Der zentrale Großraum ist vollgestopft mit aneinander gereihten Bildschirmarbeitsplätzen. Die Zeiten sind längst vorbei, in denen ein Luftbildunternehmen ein eigenes Labor und riesige Archivschränke benötigt. Das über 150.000 Luftbilder und Videos umfassende Onlinearchiv auf zwei vor Ort selbst gehosteten Servern bilden den Kern des in einem Nebenraum befindlichen Archivs. Sie sind das Ergebnis von fast 20 Jahren, in denen der Berliner Luftbildfotograf Robert Grahn mit eigener Cessna und Ultraleichtflugzeug zwischen Nordsee, Ostsee und bayerischen Alpen nebst Nachbarländern unterwegs war. Aber auch eine steigende Zahl anderer deutscher und ausländischer Luftbildfotografen vermarkten inzwischen ihr Material über die Luftbilddatenbank der Agentur.

Mit Leidenschaft und Disziplin baute Grahn seit 1993 die etwas andere Bildagentur auf. Die Entscheidung dafür traf er nicht ganz freiwillig, denn ein Jahr zuvor hatte er seinen Job als festangestellter Bildreporter einer großen Tageszeitung verloren. Seine ursprünglichen Ambitionen waren andere. Nach seiner Berufsausbildung in den 1980er-Jahren als Flugzeugmechaniker der ehemaligen DDR-Fluggesellschaft INTERFLUG entschied er sich für den Weg des Militärpiloten der DDR-Luftwaffe. Erst als er bereits die Uniform trug, traf Ihn das harte Urteil der Fliegerärzte: untauglich. Nach drei Jahren Wehrdienst in der DDR-Armee auf dem Flugplatz Peenemünde folgte ein journalistisches Volontariat bei der heutigen MÄRKISCHEN ALLGEMEINEN und die Arbeit als Pressefotograf in mehreren Verlagen. Mit der Wende und dem sich seither gravierend verändernden Berufsbild des Pressefotografen entschied sich Grahn für den eigenen Weg, den Aufbau einer hochspezialisierten Luftbildagentur. Der große Bedarf an Luftbildern in den Neuen Ländern sorgte in diesen Jahren für ausreichend Aufträge. So folgte der Erwerb des eigenen Flugscheins 1998 und des ersten eigenen Flugzeuges 2001 mit einer alten Cessna 172 – Baujahr 1966, nur zwei Jahre jünger als er selbst. In ungezählten Wochen und Monaten grundüberholt und neu lackiert, ist die Feuerwehr-rote Cessna inzwischen nicht nur auf deutschen Flugplätzen einprägsam präsent.

Bisher sind über 3300 Flugstunden vergangen, in denen Grahn europaweit WM- und EM-Fußballstadien, Einkaufszentren, schwedische Möbelhäuser, Industrieanlagen und vieles mehr aus der Luft als Foto und Video festhielt. Aber auch eindrucksvolle Nachtaufnahmen (www.nachtluftbild.de) oder Infrarotluftbilder (www.infrarotluftbild.de) runden das Spektrum der Agentur ab. An manchen Flugtagen kommen dabei Flugzeiten zustande, in denen die „Großen" über den Atlantik fliegen. Nur in einem Arbeitsflugzeug wie der Cessna ist nicht immer ein Copilot zum Ablösen vorhanden. Veröffentlicht werden seine und die Arbeiten der anderen Luftbildfotografen von euroluftbild.de® in weltweiten Zeitungs- und Zeitschriftenpublikationen, aber auch DIE WELT, BERLINER MORGENPOST, STERN, SPIEGEL und FOCUS greifen gern auf diese Spezialbildagentur zurück. Hinzu kommt die über Jahre gewachsene Kooperation mit dem Spezialdienstleister ZENTRALBILD der Deutschen Presseagentur DPA. Diese sichert den zeitnahen Weltvertrieb des oftmals auch von unterwegs beim Tankstopp auf Europas Flugplätzen per Laptop und UMTS übertragenen Materials.

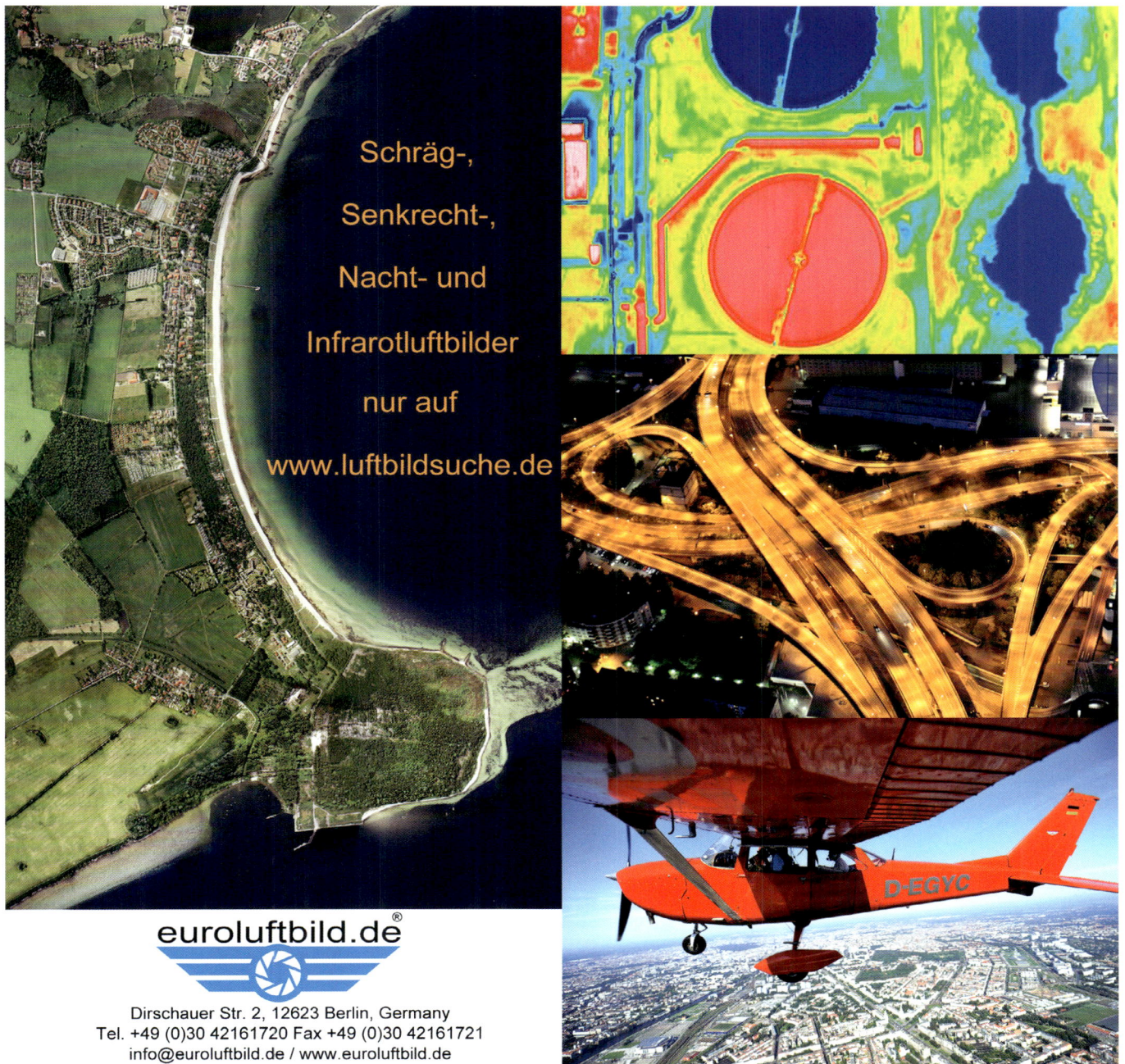

Peter Frischmuth

BERLIN KREUZBERG SO 36

128 Seiten, Farb- und s/w-Fotografien, Gebunden **19,80 Euro**
ISBN 978-3-86368-059-6

Vom Frontbezirk des Westens zurück ins Herz der Stadt: Mit dem Mauerbau 1961 gerät Kreuzberg in eine Randlage, werden lebhafte Verbindungen zwischen Ost- und West-Berlin gekappt. 1982 hält Peter Frischmuth die Lage fotografisch fest – 2006, ein Vierteljahrhundert später und ohne Mauer, kehrt er auf seinen eigenen Spuren zurück und vergleicht. Und diese direkte Gegenüberstellung der Bilder beeindruckt, zieht den Betrachter geradezu magisch in die Zeit der Mauer zurück, nur um ihn auf der gegenüberliegenden Seite doch zu erlösen: Die Wunde ist geschlossen, die Mauer musste weg – und sie ist tatsächlich weg! Kreuzberg SO 36 ist ins Herz der Stadt zurückgekehrt.

Monika Bauert (Hg.)

DAS BRANDENBURGER TOR

192 Seiten, zahlreiche Abbildungen, Gebunden **19,80 Euro**
ISBN 978-3-86368-026-8

Seit 1791 prägt die nun berühmteste Touristenattraktion Berlins das Stadtbild: das Brandenburger Tor. Während die Stadt sich verändert, bewährt sich das Brandenburger Tor als Zeichen der Beständigkeit. So schildert dieser Bildband die Geschichte Berlins rund um das Wahrzeichen am Pariser Platz. Von frühen Zeichnungen und dem ersten Foto aus dem Jahr 1856 bis zu heutigen Aufnahmen der Touristenattraktion – das Brandenburger Tor begleitet Berlin durch die wichtigsten Ereignisse der letzten Jahrhunderte. Ob mit Hakenkreuzflaggen und von Soldaten umgeben oder hinter der Mauer vom Westen abgeschnitten, das Brandenburger Tor wird hier zum Symbol deutscher Geschichte.

BERLIN STORY VERLAG
Unter den Linden 40, 10117 Berlin

Wieland Giebel (Hg.)

BERLIN DAMALS UND HEUTE

96 Seiten, 86 Abbildungen, Gebunden **19,80 Euro**
ISBN 978-3-86368-028-2

Die Metamorphose einer Stadt: Das »alte« Berlin wurde im Zweiten Weltkrieg weitgehend zerstört. Der großformatige Fotoband »Berlin – damals und heute« lädt Sie ein auf eine Zeitreise der besonderen Art: Tauchen Sie in die historische Stadt vor der Zerstörung ein – und heute, im neuen Berlin, wieder auf! Mehr als 40 bedeutende Berliner Orte und ihre Geschichte werden lebendig – fotografiert aus derselben Perspektive. Faszinierende, teils wenig bekannte Bilder zeigen das Gesicht der alten und der neuen Weltstadt. Zum Vergleichen jeweils nebeneinander auf einer großen Doppelseite. Alle Bilder mit Erläuterungen in vier Sprachen

Dirk Laubner

AM HIMMEL VON BERLIN UND POTSDAM

96 Seiten, Luftbilder, Gebunden **19,80 Euro**
ISBN 978-3-86368-010-7

Berlin. Eine Stadt, die immer in Bewegung ist, immer bereit sich zu verändern. Aus der Luft betrachtet bietet sie immer wieder neue spannende An- und Aussichten. Berlin und Potsdam aus der Vogelperspektive ist Dirk Laubners Lieblingsobjekt vor der Kamera. Regelmäßig schwingt sich der Bildjournalist auf in die Lüfte über der Hauptstadt und kehrt wieder mit eindrucksvollen Luftaufnahmen der Metropole und ihrer Umgebung. Die aktuellsten Fotos versammeln sich nun in einem Band. Aktuelle Luftaufnahmen von Berlin und Potsdam, die die Stadt im ständigen Wandel zeigen – in sechs Sprachen: Deutsch, Englisch, Italienisch, Französisch, Spanisch, Russisch.